barre au sol diet

JUN TAKEDA

バーオソル・ダイエット

―バレエダンサーのしなやかな身体の秘密―

竹田 純

一時しのぎのダイエットはもうやめて
バーオソルで内から美しくしなやかに

新たな刺激に身体は必ず応えてくれる

今すぐ一歩踏み出して史上最高の自分に

barre au sol diet

JUN TAKEDA

バーオソルとは

barre au sol

フランスで大変ポピュラーなバレエの基礎レッスンのひとつ。バーレッスンを床の上で行うため、別名「フロアバレエ」とも呼ばれます。
自分の体重を利用して負荷をかけるため、無理なくマイペースに行えるのがメリット。
続けることで深層筋（インナーマッスル）が鍛えられ、メリハリのある女性らしい体型になれます。
また、関節の柔軟性が高まることで代謝が活性化し、脂肪の燃焼が促進。憧れの「やせやすい体質」に。
身体の中心軸が安定するため姿勢も美しく改善します。

Prologue

僕とバーオソルとの出会い

僕がバーオソルを始めたのは今から8年前。単身で飛び込んだパリのバレエ学校のプログラムで、その存在を知りました。

日本のバレエの世界では、バーレッスンのあとにフロアレッスンを行うのが基本ですが、パリではバーレッスンの前にバーオソルを取り入れ、美しく踊るために必要な筋肉や柔軟性を養います。始めは、周りの人が受講しているから仕方なく……というのが正直なところでした。

でも1ヵ月ほど続けるうちに、それまでより脚が高く上がるようになったり、安定して回転できるようになったりと、バレエの技術面でとても効果を実感しました。

それと同時に、気になっていた二の腕やおなか回り、脚全体の余分な脂肪が落ち、引き締まっていることに気がついたのです。一番不思議だったのが、筋肉がついた自覚はあるのに、しなやかなラインを保てたところ。見える筋肉をつけたくない僕としては理想的な身体でした。

バーオソルは絶対にあなたの身体を変えてくれます。僕自身がその証明です。

悩んでいないで今すぐ始めましょう！

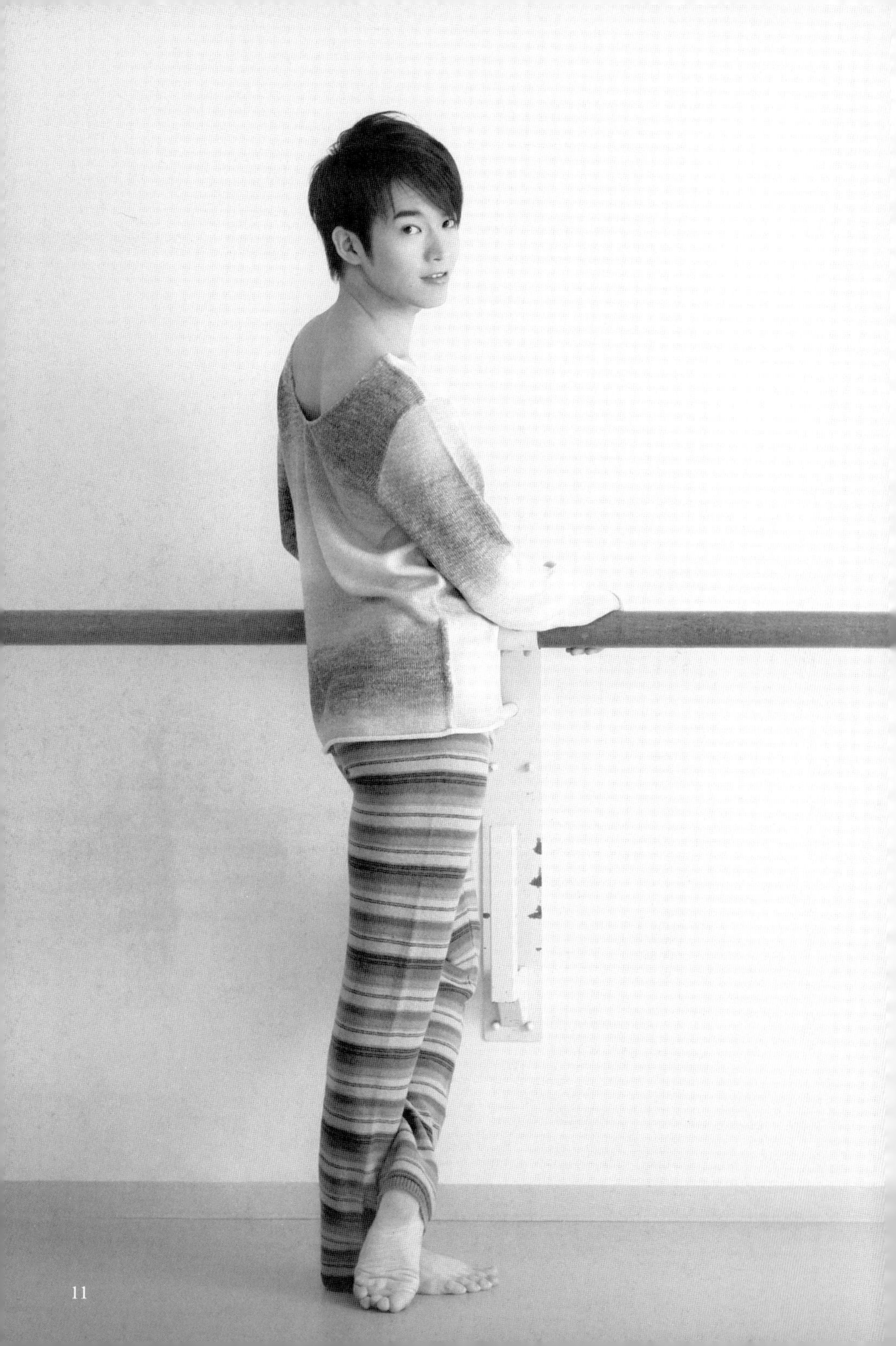

au sol diet

バーオソル・ダイエット

—バレエダンサーのしなやかな身体の秘密—

Chapter 1
これだけで結果がでる
バーオソルの基本メソッド

Chapter 2
気になるところをぐっと引き締める
部分別シェイプアップメソッド

barre

Contents

目次

Chapter 3
やせやすい身体に導く代謝アップストレッチ

Chapter 4
日々の積み重ねが美を造るトータルビューティメソッド

目指すべきバレエダンサーの身体とは？

「やせ体質」の秘密は柔軟な深層筋にあり！

優雅に踊るバレエダンサーからは想像できないかもしれませんが、バレエにはかなりの筋力が必要とされます。僕たちダンサーが高く脚を上げたまま美しい姿勢を保てるのは身体の内側にある深層筋（インナーマッスル）を鍛えているから。この深層筋を鍛えることで筋肉質でない〝しなやかな見た目〟を保ちつつ、少しの運動でエネルギーをより多く消費できる、やせやすい身体を維持しているのです。

美しい身体のポイント

1 目に見える筋肉ではなく奥深くにある深層筋を強化

ボディビルダーのような身体の外側を覆う丸く硬い筋肉ではなく、内側にある柔軟性の高い深層筋を鍛えましょう。やせやすい身体がつくられます。

2 部分的にではなく、全身をバランスよく鍛える

二の腕など人に見られる部分だけにとらわれず、まずは全身の筋肉にくまなく意識を向けてください。そうすれば、気になる部分的な脂肪も自然に落ちていきます。

3 身体の軸となる骨盤の位置を正しく矯正し、歪みをなくす

骨盤は身体を支える中心部。姿勢や代謝に大きく影響します。バーオソルを続けることで深層筋が強化されれば、歪んだ骨盤も正しい位置に戻ります。

4 関節の柔軟性を高めることで姿勢・動作を改善

バレエ界では脚のつけ根の柔軟性がパフォーマンスの質を決めるといわれています。日常生活では狭い範囲でしか動かさない股関節を広く動かすことを心掛けましょう。

Chapter 1

これだけで結果がでる バーオソルの基本メソッド

まずはだれにでも挑戦できる基本の動きで全身をくまなく刺激。眠っている深層筋を刺激し活性化させることで、エネルギーの消費を高めましょう。ひとつずつ、確実にこなすことが理想の身体への第一歩です。

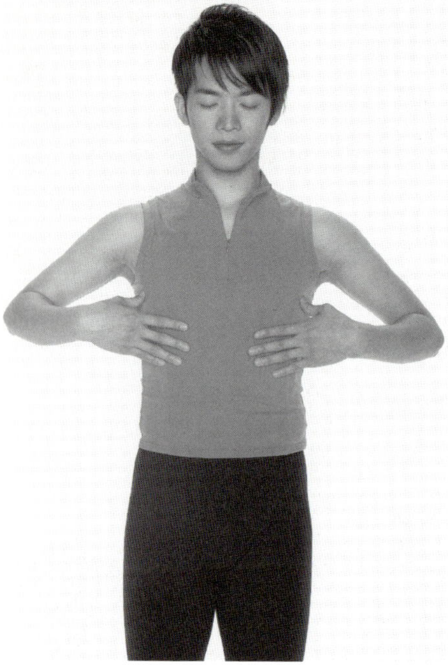

効果をアップさせる

基本の呼吸法

効果を最大限に引き出すためには、正しい呼吸法をマスターすることが大切。全身にくまなく酸素を送ることで、筋肉の形成が助けられ、エネルギーの消費にも繋がります。

肩の力を抜いて
鼻からゆっくりと深呼吸

バーオソルを行う際は背筋を伸ばし、肋骨を横に広げるイメージで鼻から息を深く吸います。このとき肩を反らしてしまうと肩甲骨が狭まり十分に酸素を取り込めないので、肩の力は抜きましょう。肋骨を元に戻すイメージで鼻からゆっくりと息を吐きます。

バーオソルを始める前の Q&A

Q いつ・どのくらい行うのが効果的？

A 特に空腹で身体が刺激を受けやすい就寝前に高い効果が期待できます。週3回程度、１回に10分以上行うのがベストですが、まずは空き時間に取り入れてみましょう。

Q どこで行えばいい？

A 横になれるスペースさえあればどこででも行えます。安定感のあるフローリングの上がおすすめですが、関節が床に当たって痛いようならばヨガマットなど薄い敷物を敷くのもよいでしょう。

Q 用意するものは？

A 足を滑らせる動作が多いので靴下をはくのがおすすめです。服装は、伸縮性があって動きやすいものならば、どんなものでも構いません。締めつけすぎず適度にフィットするものを選んで。

Q 身体が硬くてもマスターできる？

A 初心者に必要なのは完璧なポーズをとることではなく、どの筋肉を刺激しているのかきちんと意識すること。そうすれば、身体の硬い人でも十分効果が期待できます。

５分で身体を温める
準備のストレッチ

まずは関節をほぐすことから始めましょう。柔軟性が高まると同時に全身の血行が促進され、メソッドの効果がより高まります。５分程度、毎回行うのが理想的です。

首を回す

背筋をまっすぐに伸ばして床に座り、首をつけ根から大きく回します。肩が上がらないよう力を抜いて、頭を肩に近づけるイメージで。３周したら、逆回りも同様に行います。

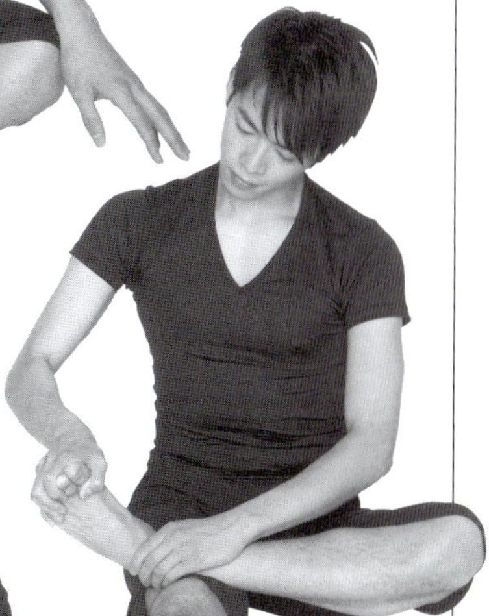

足の指を動かす

床にタオルを敷き、足の指を使ってたぐり寄せましょう。かかとは固定させて動かさず、指だけを柔軟に動かすのがポイント。端まで引き寄せたら、同様に足指だけでタオルを元の状態まで戻します。これを両方2セット行いましょう。

足首を伸ばす

左足を右太ももにのせ、左手で足首を固定します。右手でつま先を軽く持って足首を根元から３周ずつ時計回り→反時計回りに回しましょう。右足も同様に。このとき、背中が丸まって前かがみにならないよう注意して。

始める前に覚えたい

バーオソルの基本姿勢

バーオソルを行う際の姿勢は「座る」「仰向け」「うつ伏せ」の３種類から選べます。どれでも効果は変わらないので、体調や気分に合わせて選んでください。

座る

床に座ったら両脚を揃えて伸ばします。両手は指の先だけついて、身体を軽く支えるように。ただ座るのではなく、腹筋・おしり・内ももに力を入れ、背筋がまっすぐに伸びるよう意識して。

仰向け

骨盤が床と平行になるよう背筋を伸ばして横になります。脚はかかとを合わせてまっすぐ伸ばし、両手は身体と垂直になるよう広げましょう。手のひらの向きは床側・天井側のどちらでも構いません。

うつ伏せ

顔が床につかないよう胸を浮かせた状態でうつ伏せになります。ひじは90度程度に曲げましょう。両脚を揃えてしっかりと伸ばし、肩が上がらないよう首をまっすぐに保ちます。

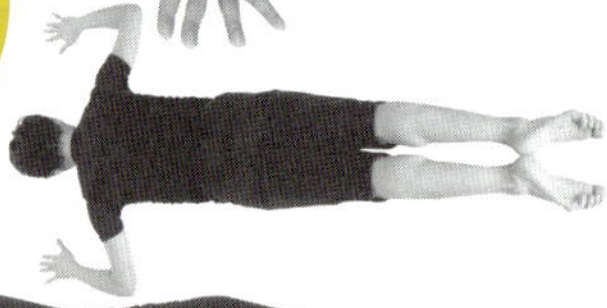

初心者はここからスタート

Step1 パラレル

両脚を平行に保つバレエの基本姿勢・パラレルを床で行います。主に下半身の深層筋を刺激し、引き締め効果が期待できます。

座る

1 両脚のつま先・かかと・膝の3点を揃えて膝を立てて座ります。腕に頼らず重心は腰に置き、まっすぐに背筋を伸ばして。

2 つま先とかかとを揃えたまま、両脚をつま先まで伸ばします。つま先が開かないよう足の指にまで意識を向けて。

3
①②を繰り返す
膝を曲げてゆっくり伸ばす①②の動きを、リズムよくもう一回繰り返しましょう。

4 脚とつま先が90度になる位置まで足首を曲げます。このときも、つま先とかかとは離さずしっかりと揃えましょう。

5 脚のつけ根からつま先までが一直線になるよう脚全体を伸ばします。腹筋・おしり・内ももの力を抜かないよう注意して。

6
④⑤を繰り返す
足首を曲げて伸ばす動きをもう一回繰り返します。①〜⑥までを2セット行いましょう。

仰向け

1

仰向けで横になり、両手を広げて膝を立てます。両膝は開かず密着させて。かかとは床につけず、膝からつま先までをまっすぐに保ちます。

2

つま先とかかとを揃えたまま脚を伸ばします。かかとを床につけた際、力が抜けないよう内ももを強く意識して。

3

①②を繰り返す

膝を曲げて伸ばす①②の動きをもう一回繰り返しましょう。

4

脚全体をまっすぐに保ったまま、足首のみを90度に曲げます。つま先からかかとが開かないよう注意。

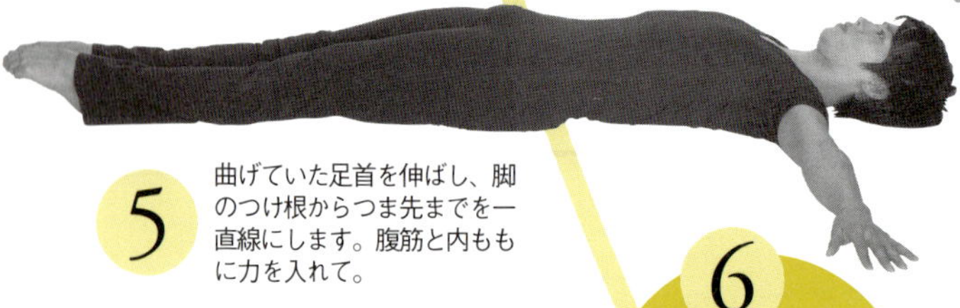

5

曲げていた足首を伸ばし、脚のつけ根からつま先までを一直線にします。腹筋と内ももに力を入れて。

6

④⑤を繰り返す

足首を曲げて伸ばす動きをもう一回繰り返します。①〜⑥までを2セット行いましょう。

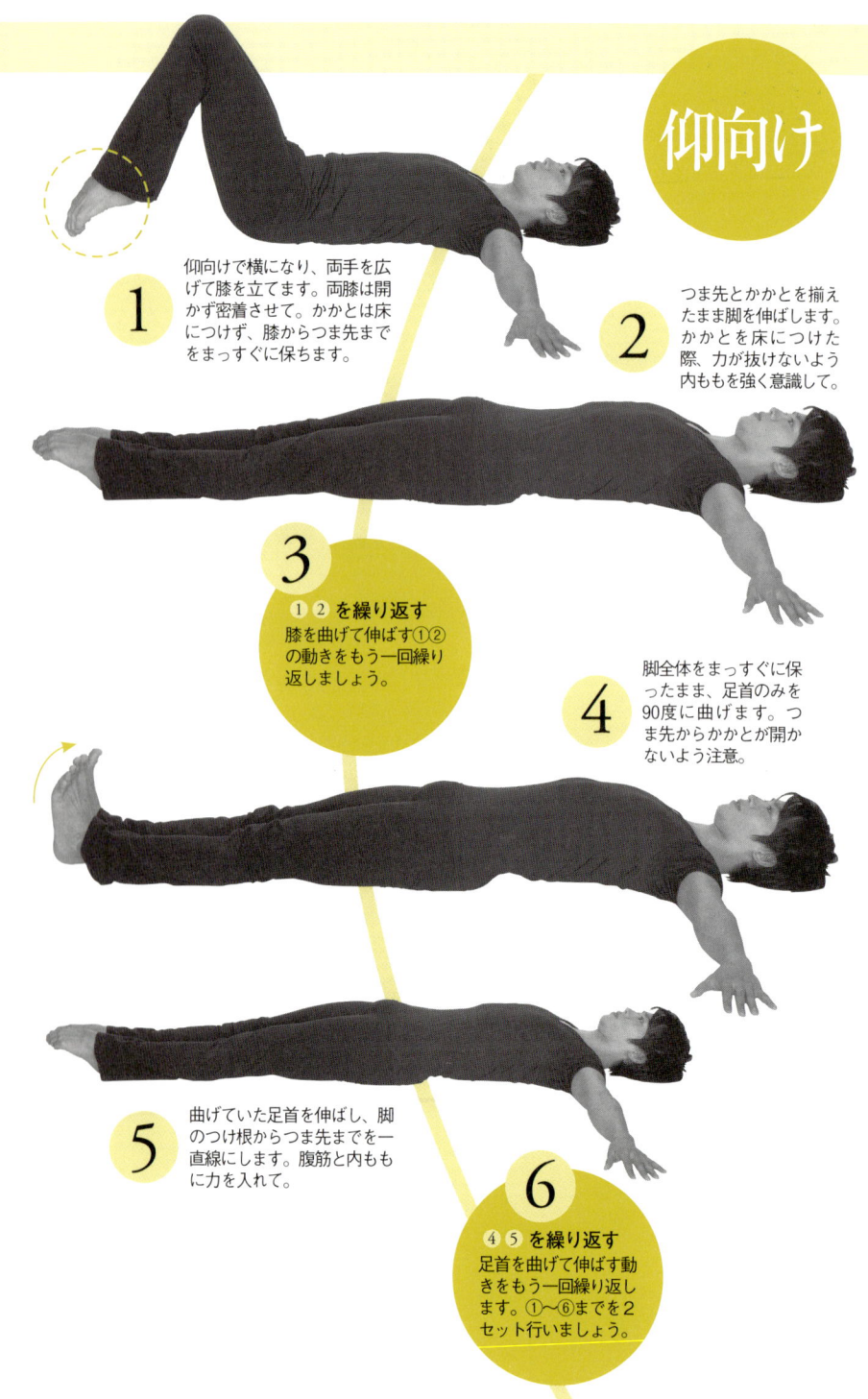

Step1 パラレル

うつ伏せ

1

顔から胸が床につかないよう腕を支えにうつ伏せになり、90度まで膝下を曲げます。つま先まできちんと伸ばして。

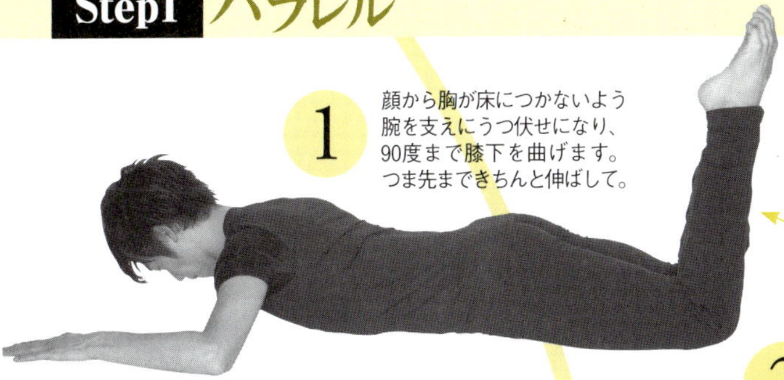

2

曲げていた膝を伸ばし、床に下ろします。このとき膝とかかとが離れないように注意して。

3

①② を繰り返す

①②をもう一回繰り返します。膝を曲げるときに腰が浮かないよう気をつけましょう。

4

足首を90度に曲げ、つま先を立てます。身体の位置はずらさず、足先だけを動かして。

5

足首を戻し、頭からつま先までをまっすぐに伸ばします。このときも胸は床につけず、浮かせたままを保ちます。

6

④⑤ を繰り返す

足首を曲げて伸ばす動きをもう一回繰り返します。①〜⑥までを2セット行います。

股関節回りの深層筋を強化する

Step2 アンドゥオール①

アンドゥオールとは「つけ根から脚を外側に開く」動きのこと。普段使わない股関節の深層筋を鍛え、痩身と骨盤の歪みの解消を。

座る

1 手をついて座ったら、つま先をつけたまま膝を90度に曲げます。上から見ると左右対称なダイヤ形になるように。ただ座らず、おしりに力を入れます。

2 おしりの力を保ったまま曲げていた膝を伸ばします。かかとの内側をつけてつま先が開きすぎないように気をつけましょう。

3 **①②を繰り返す**
おしりの位置がずれないように脚のみを動かして①②の動きをもう一回繰り返します。

Step 2 アンドゥオール❶

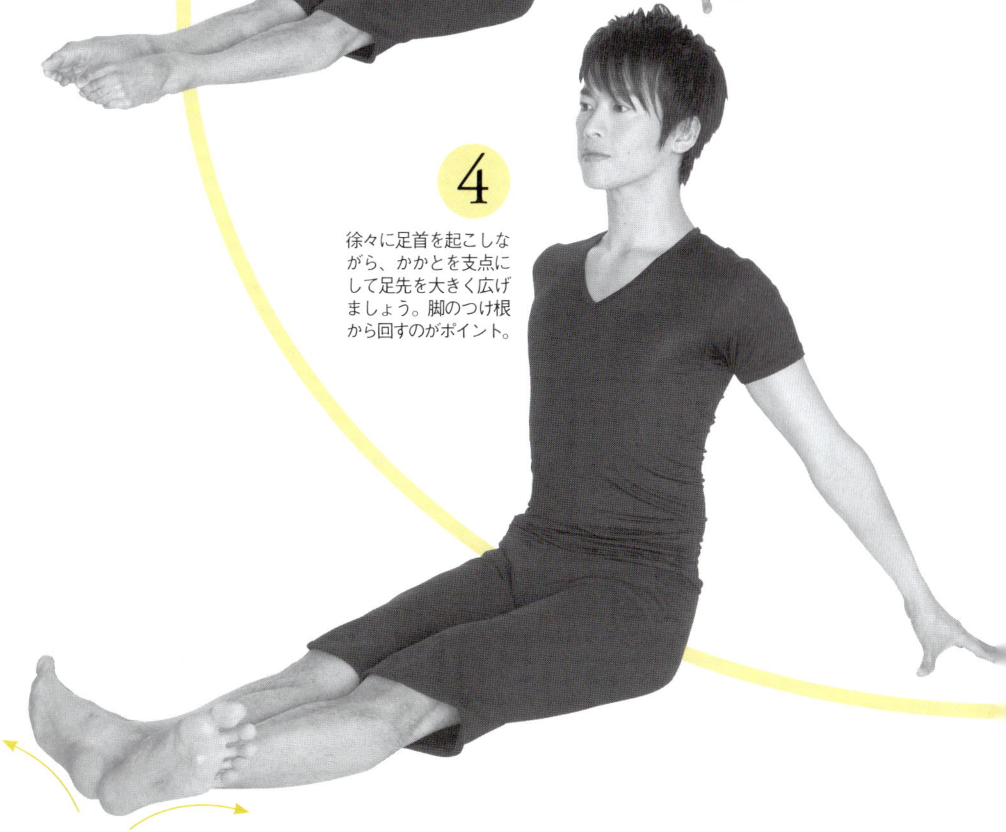

4

徐々に足首を起こしながら、かかとを支点にして足先を大きく広げましょう。脚のつけ根から回すのがポイント。

5

足首を伸ばして②のポジションに戻ります。かかとと膝が離れないように内ももに力を入れて。

6

④⑤を繰り返す

④⑤の動きをもう一回繰り返します。①〜⑥までを2セット行って。

仰向け

1

仰向けで横になったら、つま先を合わせたまま膝を90度まで曲げます。かかとは床につかないよう浮かせて。

2

膝を伸ばし両脚を揃えます。このとき、左右のかかとの内側が密着していることを確認して。

3

①②を繰り返す

膝を曲げたあと伸ばす①②の動作をもう一回繰り返します。

4

②の姿勢から足首を起こすと同時に、かかとを支点にして足先を大きく広げます。脚のつけ根から回しましょう。

5

曲げていた足首を伸ばし、②の姿勢に。このときも脚のつけ根から動かします。

6

④⑤を繰り返す

④⑤の動きをもう一回繰り返します。①〜⑥までを2セット行いましょう。

Step 2 アンドゥオール❶

うつ伏せ

1 胸を浮かせてうつ伏せになったら、つま先を合わせて膝を90度まで曲げます。

2 膝を伸ばして脚をつけ根からまっすぐに。かかとを合わせるのがポイントです。

3 **①②を繰り返す**
膝を曲げて伸ばす①②の動きをもう一回繰り返します。

4 かかとを合わせたまま、つま先を滑らせながら大きく開きます。脚のつけ根から回しましょう。

5 足先を閉じて、②の姿勢に戻りましょう。このときも脚のつけ根から戻すことを意識して。

6 **④⑤を繰り返す**
④⑤の動きをもう一回繰り返します。①〜⑥までを2セット行いましょう。

脚全体をくまなく強化する

Step3 アンドゥオール②

アンドゥオール①のあとに挑戦したい中級者向けのメソッド。股関節周辺を含めた脚全体の深層筋をより強化し、美脚へと導きます。

座る

1 両手を後ろについて座ったら、開いた脚の形がダイヤ形になるよう、つま先を合わせて膝を90度に曲げます。

2 つけ根から脚全体を外側に開くイメージで、開脚し、つま先までしっかりと伸ばします。脚は床につけましょう。

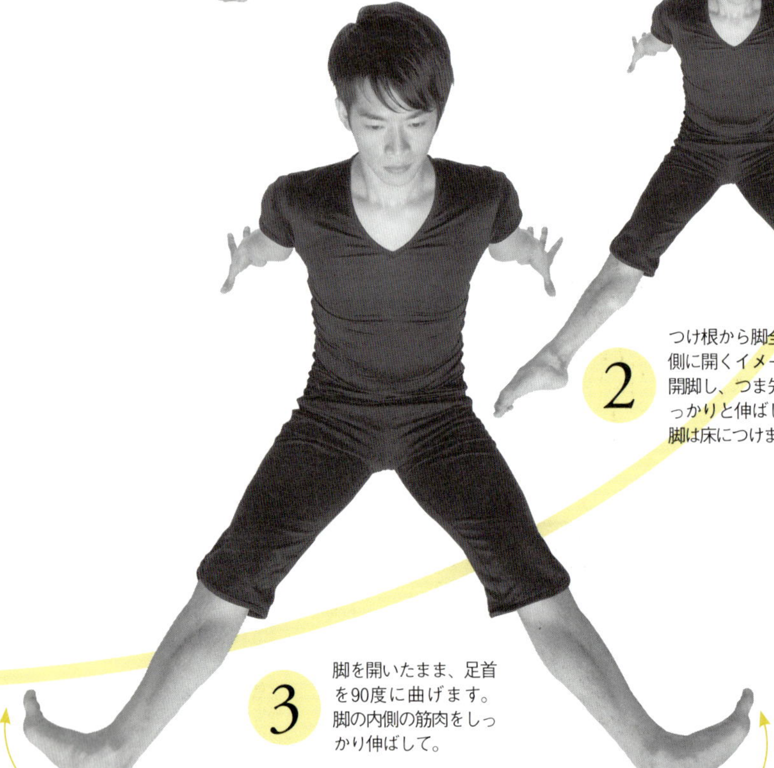

3 脚を開いたまま、足首を90度に曲げます。脚の内側の筋肉をしっかり伸ばして。

Step 3 アンドゥオール❷

4

足首を伸ばして②の姿勢に戻ります。脚のつけ根は外側に開いたまま保ちます。

5

①と同様に、膝を90度に曲げてつま先をつけます。このとき股関節はできるだけ広く開きましょう。

6

かかとを合わせて脚をまっすぐ伸ばします。脚だけでなくおなかにも力を入れて。

7

かかとを支点に、足首を曲げながら足先を外側に開きます。このときも脚のつけ根から回しましょう。

8

もう一回、脚全体を伸ばします。①〜⑧までを2セット行いましょう。

仰向け

1

仰向けで横になったら、つま先を床の上で合わせて膝を90度に曲げます。股関節を十分に広げるのがポイント。

2

脚のつけ根をぐるっと外側に回しながら開脚します。つま先までしっかりと伸ばしましょう。

3

開脚したまま足首を90度に曲げます。脚のつけ根が内側に回らないように注意して。

Step 3 アンドゥオール❷

4

足首を戻し、もう一度②の開脚の姿勢になります。

5

もう一度①と同様に膝を90度に曲げ、つま先を合わせます。

6

かかとを揃えて脚を伸ばします。このとき、おしりの力が抜けないように注意して。

7

かかとを支点に、足首を曲げながら足先を大きく開きましょう。脚のつけ根から回すよう意識します。

8

足首を伸ばして⑥の姿勢に戻ります。①～⑧までを２セット行いましょう。

うつ伏せ

1

胸が床につかないようにうつ伏せになったら、つま先を合わせて膝を90度に曲げます。膝から下は浮かせて。

2

かかとが向き合うよう内側に保ったまま、脚を左右に広げます。足先は支える程度に床についても構いません。

3

開脚したまま、足首を90度に曲げます。脚の内側の筋肉が伸びていることを意識して。

Step 3 アンドゥオール❷

6

かかとを揃えて両脚を伸ばします。

7

かかと合わせたまま、足首を90度まで曲げましょう。脚をつけ根から外側に回すイメージで。

8

曲げた足首を戻して、⑥の姿勢に戻ります。①〜⑧までを２セット行いましょう。

5

①と同様に、膝を90度に曲げてつま先を合わせます。つま先が背骨の延長線上にくるよう位置を整えましょう。

4

足首を戻し、②の姿勢に戻ります。かかとを内側に向けたまま、つま先までまっすぐに伸ばしましょう。

全身をよりバランスよく鍛える

Step4 アンドゥオール❸

股関節の柔軟性を高めるアンドゥオールの仕上げメソッド。両脚を左右別々に動かすことで姿勢を司る身体の中心線が強化されます。

座る

1 両手を後ろについて座ったら膝を90度に曲げ、つま先を合わせます。つま先は床についても構いません。おなかとおしりに力を入れて。

2 両脚をつけ根から開き、つま先までしっかりと伸ばします。このとき、かかとは内側に向けます。

3 ②の姿勢から右膝のみを内側に曲げましょう。右膝下と左脚が平行になるように調整します。

4 両脚が左右対称になる位置まで、曲げていた右脚を伸ばし②の姿勢に戻ります。

Step 4 アンドゥオール③

5

次は左膝を内側に曲げます。③の動きと同様に、左膝下と右脚が平行になるよう意識しましょう。

6

曲げていた左脚を伸ばし、②の開脚の姿勢に戻ります。

7

①と同様に、両膝を曲げつま先を合わせます。股関節を十分に広げましょう。

8

かかとを揃えて両脚を伸ばし、脚全体を床につけます。①〜⑧までを２セット行います。

仰向け

1

仰向けで横になったら、足裏を合わせるイメージで膝を90度に曲げます。両脚は左右対称に。足は床についても構いません。

2

曲げていた両膝を伸ばし、大きく開脚します。

3

左脚はできるだけ動かさず、右膝のみを曲げます。両脚ともつま先までしっかりと伸ばし、右膝下が左脚と平行になるように。

4

曲げていた右膝を伸ばし、②の姿勢に戻ります。かかとは内側を向けたままキープして。

Step 4 アンドゥオール❸

7

①と同様に、足裏を合わせるように膝を曲げます。腰と上半身が動かないように脚だけを動かして。

8

曲げていた膝を戻してかかとを揃え、頭からつま先までまっすぐに伸ばします。①〜⑧までを２セット行いましょう。

6

曲げていた左膝を伸ばし、②の姿勢に戻ります。両脚をつま先までまっすぐに伸ばしましょう。

5

続いて、伸ばした右脚と左膝下が平行になる位置まで左膝を曲げます。

うつ伏せ

1

胸を浮かせてうつ伏せになったら、膝を90度に曲げてつま先を合わせます。膝から下は浮かせた状態で。

2

かかとを内側に向けたまま、両脚を大きく広げます。脚は床につけます。つけ根からつま先までをまっすぐに保ちましょう。

3

右脚は動かさずに、左膝のみを曲げます。伸ばした右脚と左膝下が平行になるように。

4

曲げていた左膝を伸ばして②の姿勢に戻ります。

Step 4 アンドゥオール❸

5

③の動きと同様に、左脚は動かさずに右膝のみを曲げましょう。伸ばした左脚と右膝下が平行になるように。

6

曲げていた右膝を伸ばし、②の姿勢に戻ります。

7

①と同様に、両膝を曲げてつま先を合わせます。腰と上半身が動かないように注意して。

8

両脚を伸ばしてかかとを揃えます。①〜⑧までを2セット行いましょう。

Column 1

パリのバーオソル事情 *from Jun*

現在、パリでは「引き締め効果の高いエクササイズ」としてバーオソルが大流行中なんです。バレエダンサーのみならず、美容や健康に意識の高い女性たちが、バーオソル専門のクラスを開いているバレエスタジオやカルチャースクールに足繁く通っています。パリのあるバレエ教室では、世界的に有名な女優さんの姿を見かけることも少なくないそう。

パリには日本の倍以上の数のバレエ講師が存在するため、よほど名の知れた人でないと生徒を集められないのが現状ですが、あまり人気のない教室でも、バーオソルの看板を掲げた途端に生徒がどっと集まるというから驚きです。それだけ多くの人がバーオソルに興味を持っているということです。

どこのスタジオもバレエにならってか、BGMに合わせてバーオソルを教えています。ヨーロッパのほとんどのスタジオには専属契約を結んだ「バレエピアニスト」がいるので、生演奏をバックに行うところも少なくありません。とっても贅沢ですよね。

Chapter 2

気になるところをぐっと引き締める

部分別シェイプアップメソッド

バーオソルの基本はあくまでも「全身の深層筋をくまなく鍛える」ことですが、より引き締めたい部分はひとりひとり違うはず。そんな悩みに応えるメソッドを紹介します。余裕があれば基本メソッドに加えて行いましょう。

おなか回りをシェイプ

腹筋と背筋を同時に鍛えて余分なたるみを一掃

おなか回りをすっきり引き締めるには、腹筋とあわせて背筋も強化するのが近道。両方をバランスよく鍛えて、どの角度から見ても美しいシルエットを目指しましょう。

正しい力の入れ方をマスターする

腹筋の準備運動

メソッドの効果を最大限に引き出すために、まずは腹筋の使い方を学びましょう。身体の中心である「丹田」の位置を確認し、そこに力を入れることを意識して。

壁を使って腹筋の力で身体を持ち上げる

仰向けで横になったら、曲げた腰の角度が90度になるよう壁に両脚をもたせかけます。次に、腹筋の力で身体を持ち上げましょう。

おへその下にある「丹田」の位置を確認

身体の軸を司る骨盤の中心にあるのが「丹田」です。おへその２cm程下を手で軽く押し、力を入れる位置への意識を高めましょう。背中が浮かないよう注意して。

余分な脂肪を燃焼

下腹部❶

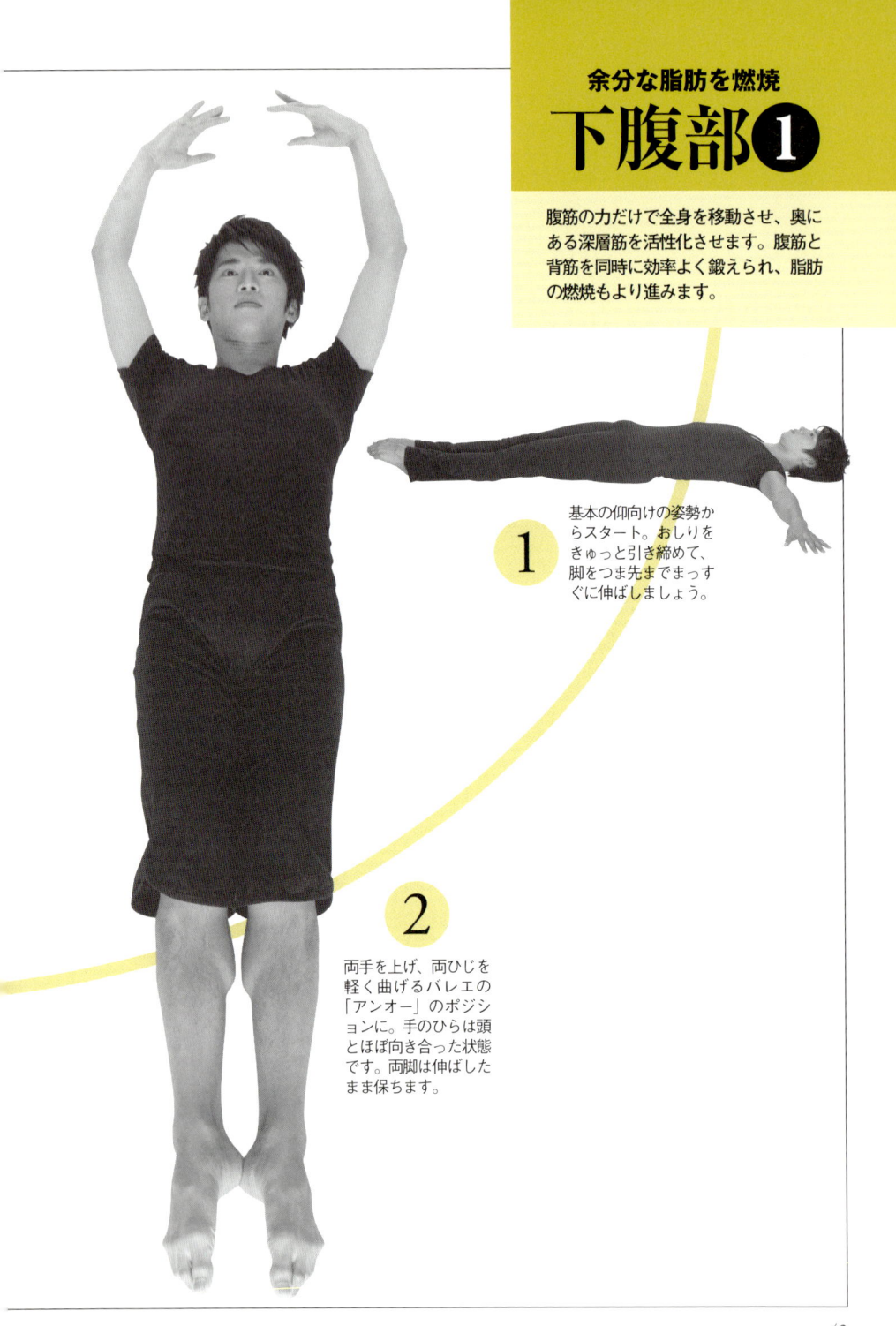

腹筋の力だけで全身を移動させ、奥にある深層筋を活性化させます。腹筋と背筋を同時に効率よく鍛えられ、脂肪の燃焼もより進みます。

1

基本の仰向けの姿勢からスタート。おしりをきゅっと引き締めて、脚をつま先までまっすぐに伸ばしましょう。

2

両手を上げ、両ひじを軽く曲げるバレエの「アンオー」のポジションに。手のひらは頭とほぼ向き合った状態です。両脚は伸ばしたまま保ちます。

3

②の姿勢を保ったまま、身体の右側面が床につく位置まで回転します。腕や脚に頼らず、腹筋の力だけで移動するのがポイント。

4

③から勢いをつけて左に回転します。一度に移動できない場合は、いったん②の姿勢に戻っても構いません。③④を３セット行いましょう。

深層筋をとことん刺激

下腹部❷

脚を高く上げる動きで、下腹部を取り巻くすべての深層筋にアプローチします。このメソッドでは、「丹田」へ力を入れることを意識して。

1 基本の仰向けの姿勢で横になったら、足首と膝を揃えて引き寄せます。おしりとかかとの間隔は15cm程度。

2 膝を揃えたまま、上体がまっすぐになる位置まで腰を持ち上げます。かかとは床から離してつま先立ちに。

3 脚のつけ根から動かして、膝を左右に開きます。足裏は密着させて。腰が下がらないようキープします。

4 ③で開いた脚のポジションを保ったまま、下半身だけを左側に倒しましょう。左膝は床につけます。

5 脚のつけ根からつま先までがまっすぐに伸びるよう、右脚を上げます。上げた脚以外は④の位置で固定させて。この動きは、難しければはぶいても構いません。

6

上げていた右脚をゆっくりと下ろし、④の姿勢に戻ります。

7

合わせた足裏が離れないように意識しながら、腰の位置を中心まで戻します。背筋が伸びていることを感じて。

8

④の動きと同様に、上体と脚のポジションを保ったまま、下半身のみを右側に倒します。腹筋の力で移動させましょう。

9

脚のつけ根から足先までをまっすぐに伸ばして左脚を上げます。膝が曲がってしまう人はできる範囲で。⑤同様に、はぶいても構いません。

10

左脚を下ろし⑧の姿勢に戻ります。このあと③のポジションにまで腰を戻し、③〜⑩までを２セット行って。

腹筋と背筋を同時に強化

下腹部❸

腹筋と背筋をバランスよく鍛えて、より効率よく脂肪が燃焼する身体を手に入れましょう。少し難易度が高いので、無理せず少しずつ行って。

1

両足を大きく開いて立ち、左右のつま先を外側に45度まで開きます。両手は反対側のひじを持って頭の後ろで組みます。

2

左膝を曲げて腰を沈めましょう。右脚はまっすぐに伸ばします。前かがみにならないよう注意して。

3

両手を組んだまま、左脚の太ももとふくらはぎが密着するまで腰をさらに沈めます。おしりは、なるべく床につけないで。

7

曲げていた左膝を伸ばして①まで戻ったら、右も同様に行いましょう。左右を合わせて1セットとし、2セット行います。

6

腹筋の力を保ったまま、②のポジションまで身体を起こします。背筋を伸ばして上体はまっすぐに。

5

上体を前に倒して、床から腰を持ち上げます。腕や脚に頼らず、腹筋の力で身体を移動させましょう。

4

右脚を伸ばしたまま、おしりを床につけて座ります。左脚の太ももとふくらはぎが離れないように注意して。

サイドラインを引き締める

ウエスト1

普段の生活ではあまり使わないウエストの深層筋を活性化させましょう。ウエスト回りの柔軟性が高まることで、全身の代謝もさらに促進されます。

1

両足を肩幅に開いて立ちます。両手は反対側のひじを持って、頭の後ろで組みましょう。

2

前かがみにならないように意識しながら、上体を時計回りに回します。かかとが浮かないように注意して。

3

大きく円を描くイメージで上体を下まで回します。背中が丸まらないように腰から動かしましょう。

4

真下を通過する際もなるべく背筋を伸ばしたままで。膝が曲がってしまう場合は、可能な限り伸ばしましょう。

5

上体を①のポジションまでゆっくりと戻します。同様に反時計回りも行いましょう。それぞれ3周ずつを目安に。

ねじりのポーズでシェイプ

ウエスト❷

しなやかなウエストに必要不可欠なおなか回りの深層筋を鍛えましょう。「ねじる」動きよりも「もとに戻す」動きを重視して。

1

背筋を伸ばして、立て膝になります。尾てい骨を下に向けるイメージでおしりに力を入れましょう。

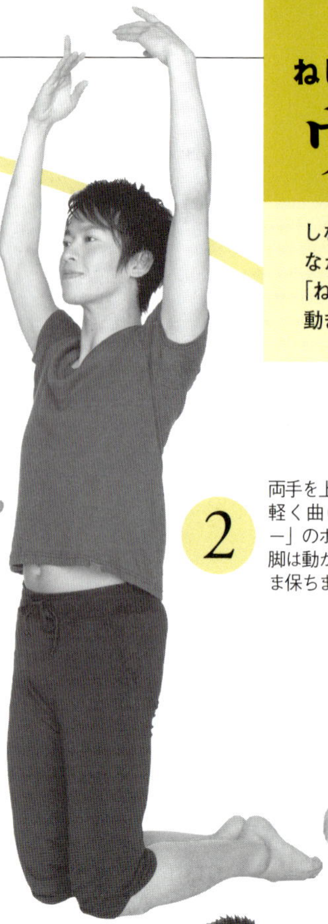

2

両手を上げ、両ひじを軽く曲げる「アンオー」のポジションに。脚は動かさず揃えたまま保ちます。

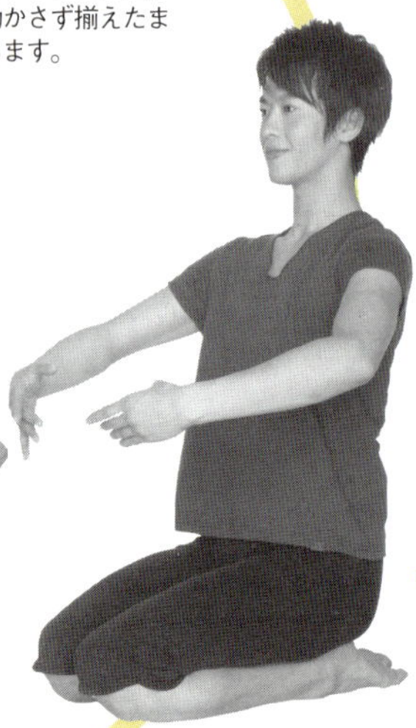

3

両手の形を保ったまま前に下げると同時に、腰を下ろして正座になります。

4

腰を左に移動させ、床に下ろします。両手は身体とは逆方向に振りましょう。

5

腹筋に力を入れ、腰を③の姿勢まで戻します。手も同様に前で構えます。

6

腰を上げ、②と同様に立て膝になります。両手も上げて「アンオー」のポジションに。

7

腰と手を下ろして、正座になります。力を抜いて、背中が丸まらないように注意して。

8

腰を右に移動させ、床に下ろしましょう。④と同様に、両手は身体と逆方向に振ります。

9

腰を戻して正座になったら終了です。②〜⑨までを2セット行いましょう。早いテンポで行うとより効果的です。

ダイレクトな刺激が効く

ウエスト❸

腹筋と背筋を同時に鍛えられる脚上げの運動で、ウエスト回りをすっきりシェイプ。脚を左右に振る動きは、ヒップアップにも効果があります。

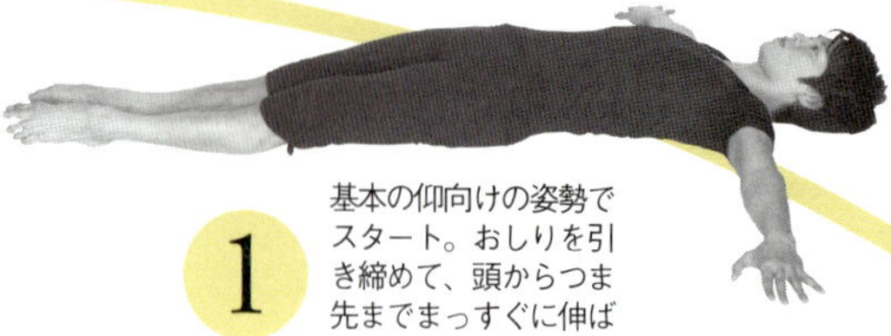

1

基本の仰向けの姿勢でスタート。おしりを引き締めて、頭からつま先までまっすぐに伸ばしましょう。

2

腰から持ち上げるように両脚を上げます。上半身と両脚の角度が90度になるよう意識して。

3

両脚を揃えたまま、右側にゆっくりと倒していきます。同時に、顔は左向きに。肩や腕が浮かないように注意。

7

両脚を揃えたまま、もう一度②のポジションまで戻ります。②〜⑦までを2セット行いましょう。

6

左側も同様に行いましょう。顔は脚と逆方向に。肩や腕が浮かないよう、おなか回りの力を強く保って。

5

両脚をまっすぐ上げた②の状態まで、ゆっくりと戻します。

4

足先をできるだけ床から近い状態でキープします。難しいと感じる人はできるところまで倒して。

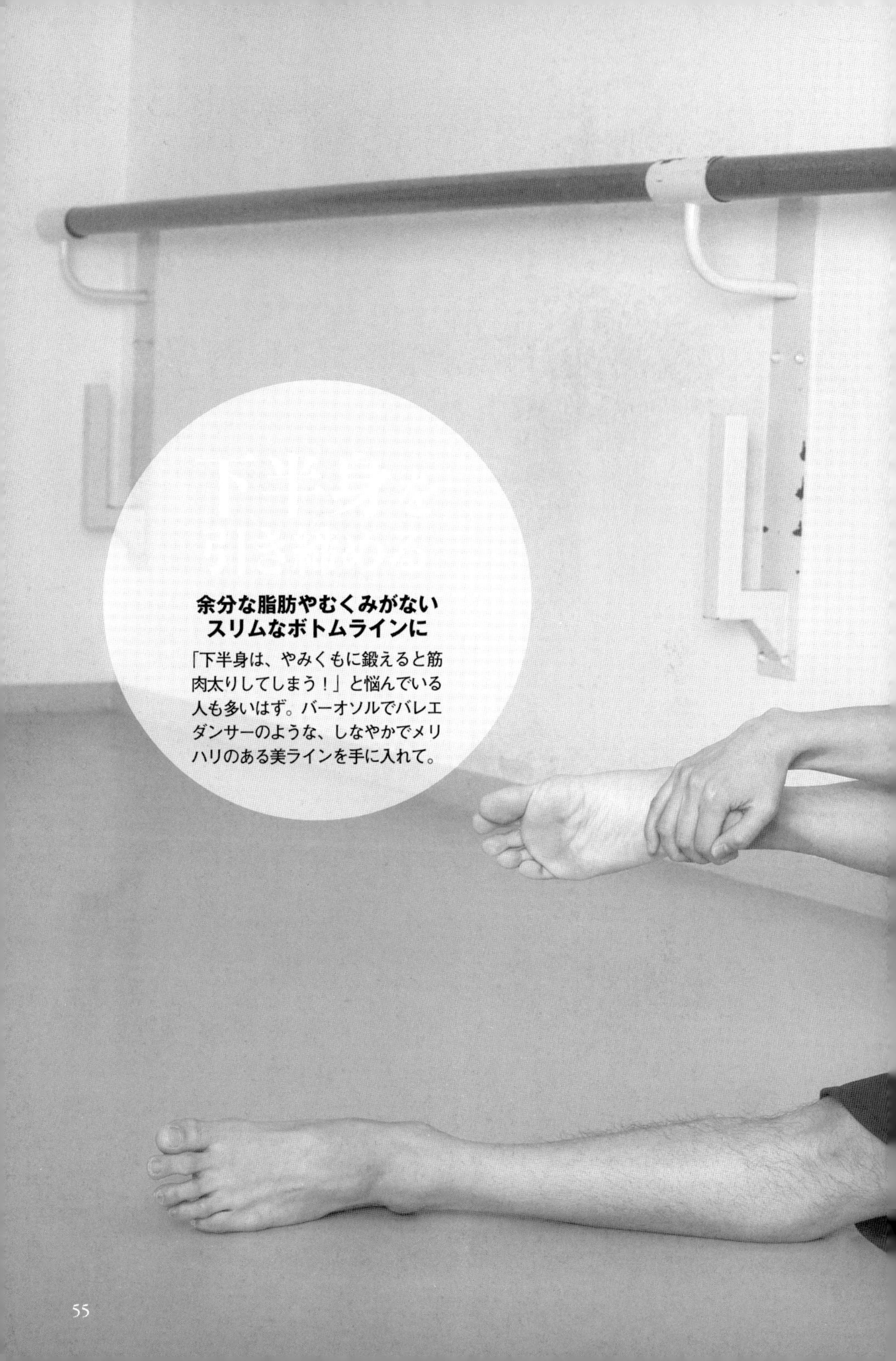

下半身を

余分な脂肪やむくみがない
スリムなボトムラインに

「下半身は、やみくもに鍛えると筋肉太りしてしまう！」と悩んでいる人も多いはず。バーオソルでバレエダンサーのような、しなやかでメリハリのある美ラインを手に入れて。

内側の細かい筋肉を刺激

太もも❶

細くなりにくい反面、貧弱すぎるとバランスが悪い太もも。ここは鍛えるというよりも、柔軟性を高めて引き締めることに重点を置きましょう。

1　基本のうつ伏せの姿勢から、脚を持ち上げて交差させます。まずは左足のかかとが上にくるように、脚のつけ根から動かしましょう。

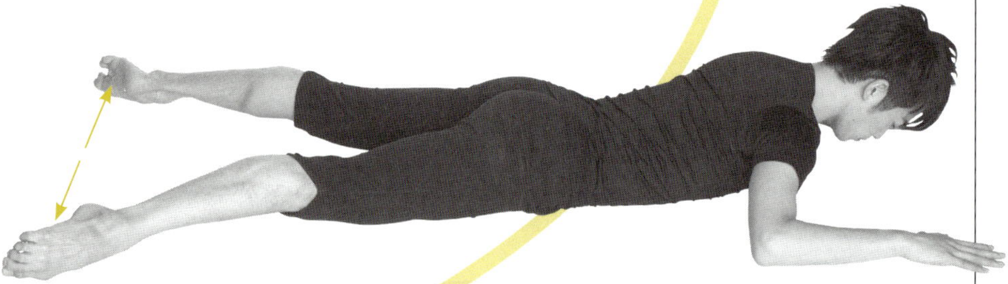

2　両脚を左右に大きく開きます。かかとは内側に向けて、つま先までしっかりと伸ばします。

4

②と同様に、両脚を左右に広げます。①〜④までを４セット行いましょう。

3

次は右足のかかとが上にくるように脚を交差させます。このときも、脚のつけ根から動かすことを心掛けて。

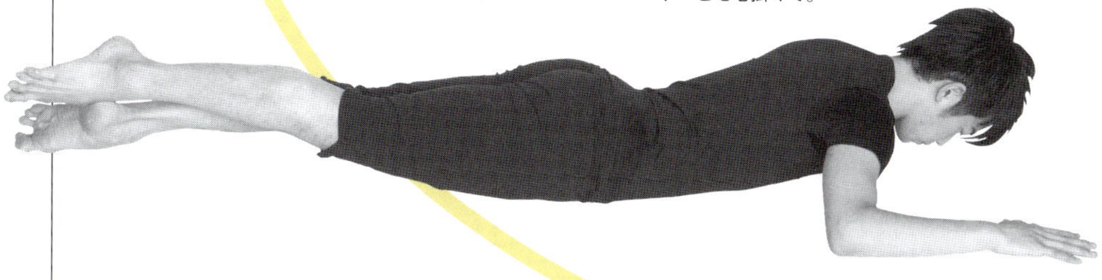

深層筋の位置を確認

太もも❷

太もも①のメソッドで柔軟性を高めたら、奥深くの深層筋へより意識を向けましょう。身体の中心線が強化され、痩身とともに姿勢改善も叶います。

1

かかとを合わせて立ったら、左右のつま先を外側に45度広げます。尾てい骨を下に向けるイメージでおしりをきゅっと締めましょう。

2

つま先立ちで両手を上げ、全身を伸ばします。手のひらは内側に向け、「アンオー」のポジションに。

3

②のポジションから、ゆっくりと上体を前に倒していきます。猫背にならないように腰から曲げるのがポイント。

5

太ももの力を保ったまま、②のポジションまで戻りましょう。ここでもかかとは床から浮かせたままで。①〜⑤を３セット行います。

4

かかとが床につかないよう注意しながら、手の指先が床につくまで前屈します。身体の硬い人はできる範囲で構いません。

見た目のバランス重視

後ろもも❶

脚全体を細く見せたいなら、盛り上がってつく前ももではなく、後ろももを適度に鍛えましょう。この動きはヒップアップにも効果があります。

1

基本の仰向けの姿勢になったら、膝下をぴったりと合わせて膝を立てます。足は、膝下が床と垂直になる位置に。

2

つま先立ちになり、腰をゆっくりと持ち上げます。肩に重心を置きすぎず、後ろももの筋肉を強く保ちましょう。難しい人は、かかとを床につけても構いません。

3

②の姿勢から、膝を左側にゆっくり倒し床につけます。上体は動かさず上を向けたままで。膝とかかとが離れないよう注意して。

4

膝で弧を描くイメージで、②のポジションまで戻ります。腰の位置が落ちないよう腹筋と後ろももに力を入れて。

5

③と同様に膝とかかとを合わせたまま、膝を右側に倒します。このとき腰は曲げず、背中をできる限り伸ばします。

6

もう一度、腰を上げた②の姿勢まで戻ります。①～⑥までを2セット行いましょう。

もも裏の柔軟性を高める

後ろもも❷

全体のシルエットのバランスを左右する後ろももの深層筋をほぐし、活性化させましょう。この動きは脚だけでなくおなか回りにも効果があります。

1 基本の仰向けの姿勢になります。おしりをきゅっと締めて、つま先までまっすぐに伸ばしましょう。

2 腰を持ち上げたら軽く手を添えて、両脚を頭の上まで回転させます。膝が曲がってしまう人はできる範囲で。かかとは合わせます。

3 つま先を床につけて、片脚ずつ膝を曲げます。曲げていないほうの脚はなるべくまっすぐに保ちましょう。

5

足首を持ったまま、反動をつけて起き上がります。上体を起こすと同時に手を離し、両脚を広げましょう。①〜⑤までを２セット行います。

4

腰に添えていた手を移動させ、足首を持ちます。後ろももをしっかりと伸ばしましょう。

歪みまでしっかり矯正

内もも

引き締めると同時に、脚の歪みも解消できる、内ももを鍛えるメソッド。特に、脚全体のバランスが気になる人やO脚に悩む人におすすめです。

1

手足を揃えてうつ伏せになります。かかとは合わせて。顔が床につかないよう首から背中に力を入れましょう。

2

膝を曲げ、足首を手で持ちます。太ももは浮かさず、床につけたままで。

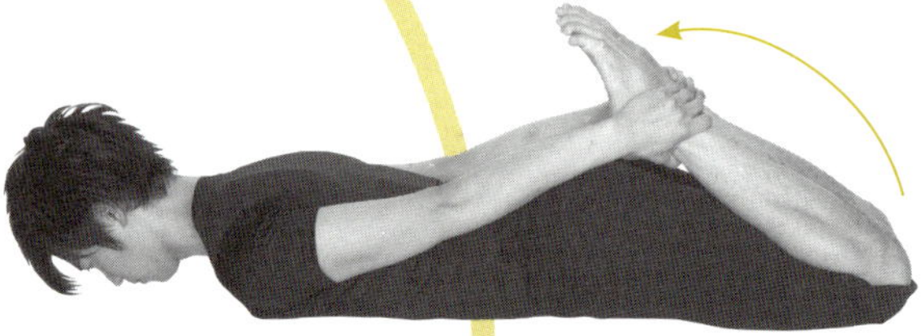

3

両膝が離れないよう意識しながら上体を起こし、えびぞりの姿勢に。なるべく首を伸ばして肩を下ろしましょう。難しい場合は、上体が床についたままでも構いません。

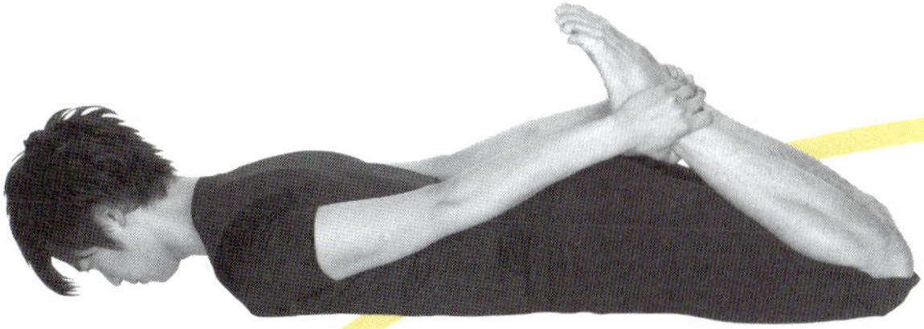

6

上体と太ももをゆっくりと床に下ろします。このときも膝が離れないように意識して。①〜⑥を３セット行います。

5

開いていた脚を閉じ、③のポジションに。両膝を合わせて、足をまっすぐに伸ばします。

4

足首を手で持ったまま、両脚を大きく開きます。内ももの筋肉が伸びていることを感じましょう。

むくみ改善ですっきり

足首

足首は水分がたまりやすく、もっともむくみやすい部分。このメソッドで脚全体の深層筋を鍛えればリンパの流れがよくなり、引き締められます。

1

かかとを揃えて立ちます。おなかとおしりに力を入れて、身体全体をまっすぐに伸ばして。

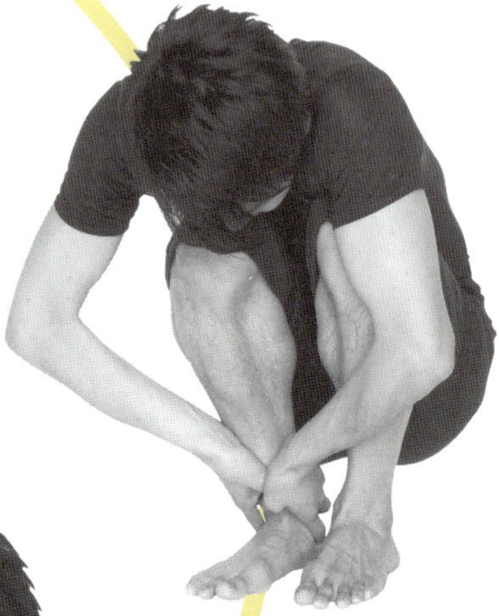

2

しゃがんで両手で右足首を持ちます。おしりが床につかないよう気をつけましょう。

3

両手を添えたまま右脚を滑らせ、まっすぐに伸ばします。腕の力で持ち上げず、脚を伸ばすことを意識して。②③を3回繰り返しましょう。難しい場合はおしりを床につけて。

7

腰を上げ左足裏を床につけたら滑らせるように引き寄せます。このときも前屈の姿勢を保ちます。

8

かかとを揃えたら、終了です。①〜⑧まで２セット行いましょう。

6

③と同様に、左脚を伸ばします。しゃがんだ姿勢のまま、曲げたり伸ばしたりを３回繰り返しましょう。

5

足首を手で持ったままかかとを揃えます。次に、前屈の姿勢を保ちながら両手を左足首に持ちかえます。

4

③のあと、腰を上げ右足裏を床につけます。手を離さず、右足をそのまま滑らせるように後ろへ移動させます。

上半身に アプローチ

メリハリのある 美しいシルエットが理想的

上半身の美しさを決めるのは「メリハリ」です。露出する首や二の腕をしっかり引き締めることでバストのボリュームが引き立ち、ぐっと女性らしい印象がアップします。

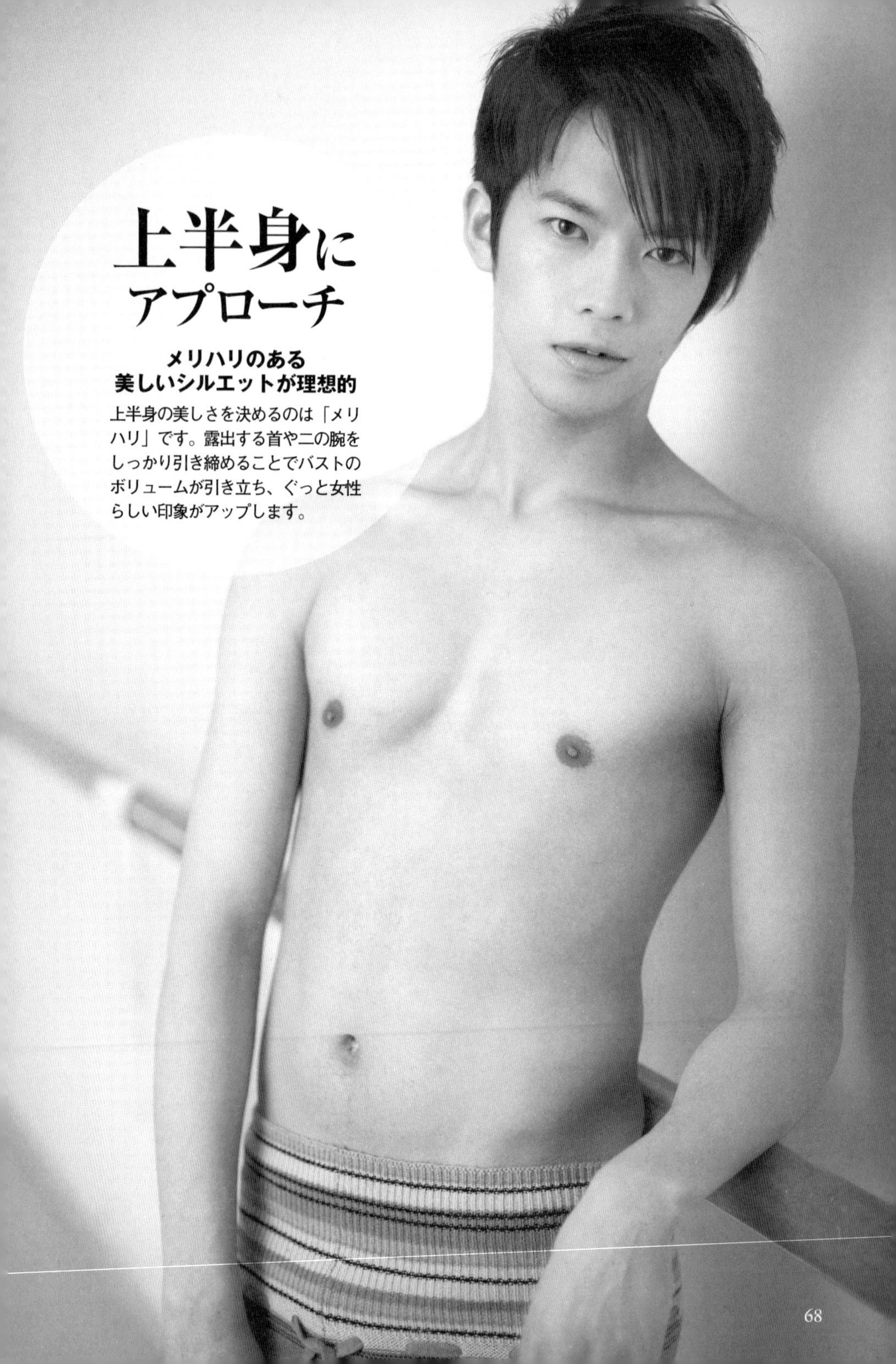

脂肪をほぐして燃焼促進

二の腕

筋力トレーニングで鍛えるとかえって太さが増してしまう二の腕。ここには深層筋を鍛えると同時に脂肪に働きかける、なめらかな動きが効果的です。

1

脚を組んで床に座り、両腕を肩と水平になる位置まで上げます。手のひらは指を伸ばして下向きに。

2

肩は動かさず、ひじだけを下ろします。手のひらは①と変わらず下向きをキープ。

3

ひじを腕のつけ根から前方に90度回転させ、肩まで持ち上げます。このときも肩を動かさないよう注意して。

4

②③の動きを３回繰り返したあと、ゆっくりと両腕を上げていきます。大きな軌道を描くよう腕を伸ばして。

5

手を上げるとともに、顔も徐々に上を向きます。頭の上で手の甲を合わせて終了。①～⑤を２セット行いましょう。

身体の中心軸を強化

背中❶

背中の余分なたるみを落とすには、身体の軸である背骨回りの筋肉を鍛えることが必須。痩身とともに姿勢も美しく改善されます。

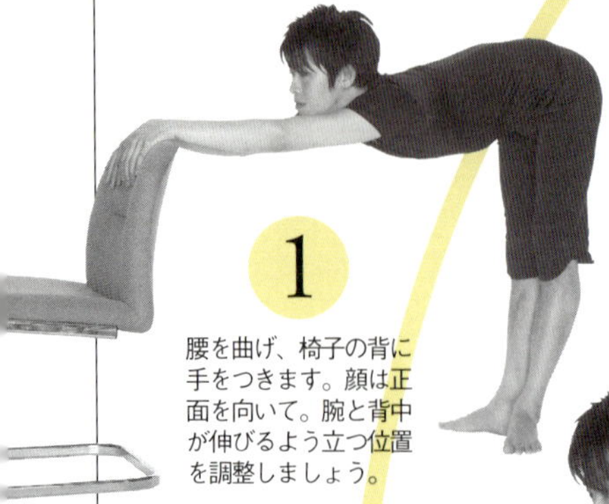

1

腰を曲げ、椅子の背に手をつきます。顔は正面を向いて。腕と背中が伸びるよう立つ位置を調整しましょう。

2

①の姿勢からかかとを上げ、つま先立ちになります。一番高い位置にまでかかとを上げたら、背中を十分に反らしましょう。

3

つま先立ちのまま、椅子から手を離して両手を上げ、身体を起こします。足が移動しないよう背筋と腹筋に力を入れて。

4

両手を頭の上まで上げ、まっすぐに立ったら5秒キープして。①〜④までを３セット行いましょう。

背中全体のたるみを一掃

背中❷

背中にある深層筋全体を刺激するメソッドです。曲げて伸ばす動きが細かい筋肉にまで効き、すっきりした背中のラインが手に入ります。

1

頭の後ろで左右のひじを持って手を組んだら椅子に片足をのせます。腰が反らないよう上体はまっすぐに。

2

①の状態からゆっくりと上体を前に倒します。背中をできるだけまっすぐに保ったまま、腰から曲げるのがポイント。

3

背中が伸びていることを感じながら、可能なところまで前屈します。椅子にのせた足は動かさないで。

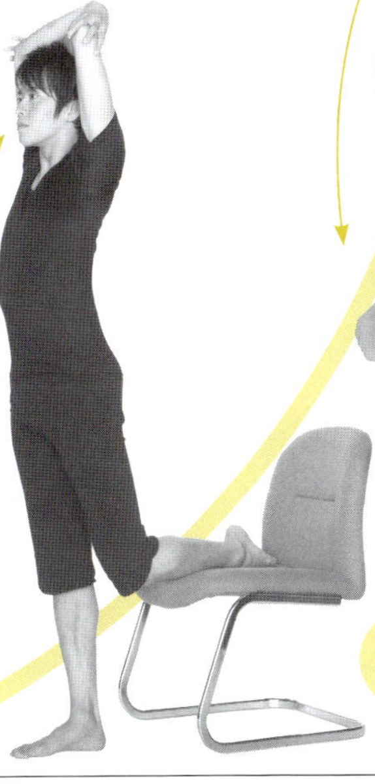

4

ゆっくりと上体を起こして①のポジションに戻ります。逆の足も同様に。左右それぞれ２セット行いましょう。

Column 2

パリのバーオソル事情 *from Adrien*

私は８歳でバレエを始め、12歳のときからバーオソルをトレーニングのメニューに取り入れています。最近はちょっとサボりぎみかな（笑)。パリでバーオソルは「一流を目指すなら幼い頃からやっておくべき」基礎レッスンとして、とても重要だといわれています。

現在はパリ・オペラ座に所属し、年間数えきれないくらいステージに上がっていますが、バーオソルを経験していないダンサーに比べて自分の柔軟性が圧倒的に高いのを感じます。特に、股関節を開くアンドゥオールでは完成度に差が出ますね。また上半身と下半身の動きを分けてレッスンすることで、踊っている際に腰がブレなくなりました。バレエでは、どれだけ腰を固定して踊れるかがパフォーマンスの質を左右するので、これにはとても満足しています。

最近ではエクササイズとして始める友人も周りに増えてきました。みんな楽しんでトライしているようですよ。

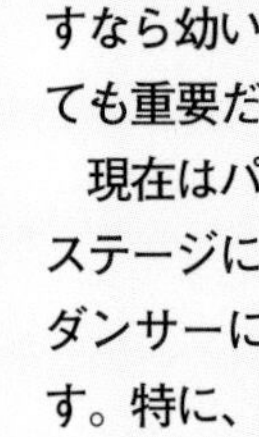

アドリアン・ボデ。バレエダンサー。1981年11月16日フランス生まれ。８歳からバレエを始め、12歳でパリ・オペラ座バレエ学校に入学。2000年よりパリ・オペラ座バレエ団に在籍中。20世紀を代表する振付師であるルドルフ・ヌレエフの古典作品(「白鳥の湖」、「眠れる森の美女」など）を全作踊り、高い評価を受ける。

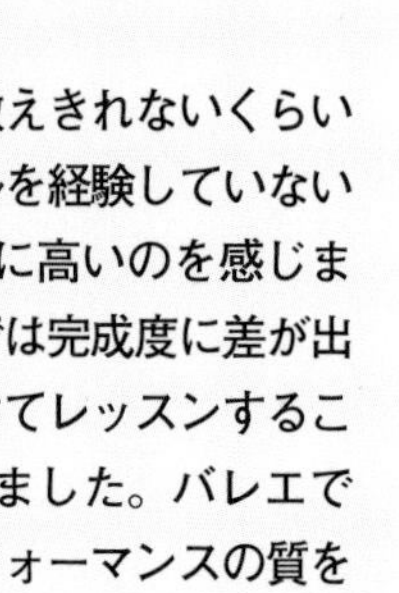

Chapter 3

やせやすい身体に導く
代謝アップストレッチ

ここからは、多くのバレエダンサーが取り入れているストレッチをご紹介します。体内の老廃物を排出するリンパの流れをスムーズにすることで、余分な脂肪がたまりにくい「やせやすい体質」に近づきます。

Step1 関節の柔軟性を高める

老廃物を排出する リンパの流れを改善

リンパの流れが滞りやすい腕と脚のつけ根をほぐしましょう。続けることで老廃物が効率よく排出され、身体の調子も整います。

1 仰向けで横になり、両脚を揃えます。両手は肩の高さでまっすぐに伸ばしましょう。

2 右膝を曲げて引き寄せます。上体が動かないよう、右脚だけを動かして。

4

右腕を時計回りに、右脚を反時計回りに回します。つけ根から大きく回すのがポイント。５回転させたら、左腕と左脚を同様に。

3

上体はそのままに、腰をひねって立てた右脚を左側に倒します。顔は、脚とは逆の右向きに。

Step2 下半身のリンパ節をほぐす

脚のむくみを解消して ほっそり美脚に

下半身太りの原因のひとつは「むくみ」です。脚のつけ根にあるリンパ節をほぐして、余分な水分や老廃物を排出しましょう。

1

肩幅に手を開いて床につき、よつんばいになります。両脚は、膝とかかとを合わせて揃えましょう。

2

膝で円を描くイメージで、左脚をつけ根から大きく5周回します。逆回りも同様に行って。

3

左脚を下ろしたら、次は右脚も同様に行いましょう。

Step3 肩甲骨を動かす

脂肪を燃焼させる
肩甲骨の細胞を活性化

肩甲骨付近には脂肪を燃焼させる細胞がたくさん集まっています。これらを刺激することで代謝が高まり、老廃物の排出が進みます。

1

背筋を伸ばして正座になります。視線はまっすぐ前に向けて。

2

右手で左ひじ、左手で右ひじを持って背中で腕を組みます。肩はなるべく下げて首を長く伸ばしましょう。

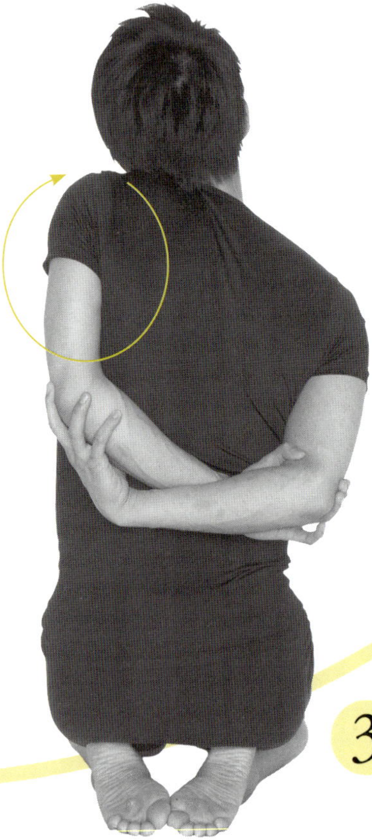

3

腕を組んだまま、左肩で円を描くように3回大きく回します。肩甲骨を動かすことを意識して。右肩も同様に行います。

5

円を描くように両手を頭の上まで上げます。手を上げると同時に顔も上に向けて。指先から背中まで、よく伸ばしましょう。

4

両肩を回し終わったら、腕を伸ばして手の甲を合わせます。胸を張って大きく深呼吸しましょう。

Step 4 背筋を伸ばす

リンパの流れを司る
中心軸にアプローチ

リンパの流れを促しているのが、背骨に沿ってついている深層筋です。この部分の柔軟性を高め、全身の代謝を活性化させましょう。

1

両腕と背中を伸ばして椅子の背に手をつきます。かかとは床につけて、脚のつけ根までまっすぐに伸ばします。

3

②と同様に右腕も３周回しましょう。両脚はまっすぐに伸ばしたままキープして。

2

顔を左側に向け、左腕をつけ根から大きく３周回します。右手と左手が揃う際に、よく背中を伸ばします。

Step 5 末端の老廃物を流す

重力を利用して下半身のむくみを改善

心臓より下にある脚は血液やリンパの循環が滞りがちな部分。逆さになることで、余分な水分や老廃物が流れ、むくみが改善されます。

1
両手を広げて仰向けで横になったら、壁に両脚をもたせかけます。腰の角度が90度になるように位置を調整して。

2
腰を持ち上げて、両脚を上に移動させます。腰が落ちて猫背にならないよう背中をまっすぐに伸ばしましょう。

3
右脚の位置は変えず、左脚を外側に45度開いて5秒キープ。②③を3回繰り返します。右脚も同様に行って。

4
次に、伸ばした左脚を前に倒して5秒キープします。②に戻り、この動きを3回繰り返したら、右脚も同様に。

Chapter 4

日々の積み重ねが美を造る
トータルビューティメソッド

バレエダンサーは、24時間美しさを保つ努力を惜しみません。ここからは、ひとりのアーティストとしていつも最高の自分をキープするために、僕がライフスタイルに取り入れている「美へのこだわり」をご紹介します。

立ち居振る舞いでしなやかさをアピール

身のこなしをマスター

たとえ美しい身体でも見せ方を知らなければ魅力は半減。常に姿勢やしぐさにこだわって、しなやかさを倍増させましょう。

意識を変えることが美しさへの第一歩

二の腕が太い、おなかが出ている、脚が短い……。そんなコンプレックスを隠そうと姿勢が悪くなっていませんか？　そうだとしたら、それはまったくの逆効果。だらしなく見えるだけでなく、重心が偏って身体そのものが歪んでしまいます。

バーオソルの効果は、明日すぐにというわけにはいきません。でも姿勢やしぐさは今すぐに改善できます。

少し自意識過剰に聞こえるかもしれませんが、まずは「常に自分は見られている」という意識を持って。

今日からは鏡の前に立ったら顔ばかり見ず、全身をチェックする癖をつけましょう。それだけで、あなたの魅力が何倍にも増すはずです。

まずは自分を知る

姿勢チェックシート

- □ 首が前に出ている
- □ 肩が前に閉じている
- □ 上半身が反り返って鳩胸に
- □ 猫背になっている
- □ 片足に重心を置きがち
- □ 立ったときに膝が外側を向いている
- □ 座ると椅子の背にもたれがち

正しい立ち方

ただ立っているだけで、凛とした女性らしさを感じさせる立ち姿をマスターしましょう。移動中やオフィスで日頃から意識して。

Point 肩

前傾姿勢にならないよう、肩を横に広く開きましょう。胸を前に突き出すと鳩胸に見えてしまうので注意して。

Point 背中

頭頂部から吊り上げられているイメージで、首とそこから繋がる背骨をまっすぐに伸ばします。後ろ姿も美しく見せましょう。

Point おなか

おへその2cm程下にある骨盤の中心、「丹田」に力を入れて引き締めましょう。骨盤の上に上半身をのせているイメージです。

Point おしり

おしりは突き出さず、きゅっと引き締めて。骨盤をまっすぐに、尾てい骨を下に向けるイメージを持つと、自然と程よい力が入ります。

Point 脚

写真を撮るときなど、脚を長く見せたい場面ではつけ根から軽くクロスさせるのがおすすめ。重心を後ろにかけすぎないよう注意して。

美しさのポイント

1. **胸を開いて背筋をすっと伸ばす**
2. **おしりを引き締めて尾てい骨は下向きに**
3. **脚は膝でなくつけ根から動かす**

NG

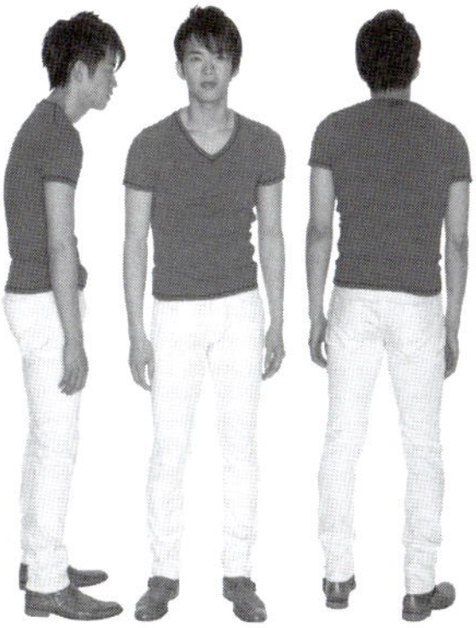

重心が前後左右に偏ると背筋も曲がってだらしない印象に。首が前に出た姿勢は、見た目だけでなく肩凝りなど体調にも悪影響を及ぼします。

正しい座り方

日常生活で意外に多い椅子に座るシチュエーション。いつでも毅然とした意識を持って、美しい姿勢を保ちたいところです。

美しさのポイント

1. 浅めに腰掛けて背もたれに頼らない
2. 下半身よりも上半身に緊張感を
3. 骨盤を起こしてまっすぐにキープ

Point おなか

「丹田」に程よい力を入れると、背中が反り返らず美しい姿勢で座れます。特に、低めのソファーに座る場面で気をつけたいところです。

Point 首

背筋が伸びれば、首も自然とまっすぐ伸びます。背骨から繋がっている意識を持つと、長時間でも無理なく美しい姿勢を保てます。

Point 肩

立っているときと同じく、横に開くように広げましょう。力が入りすぎるとエレガントさに欠けるため、自然な見た目を心掛けて。

Point 背中

浅く腰掛けて、背もたれに寄りかからないのが理想的。骨盤の上にまっすぐ上体をのせているイメージを持つと楽に保てます。

NG

深く腰掛けるとどうしても背もたれに寄りかかってしまい、悪い姿勢の代表である猫背に。首も前に出てだらしなく映ります。

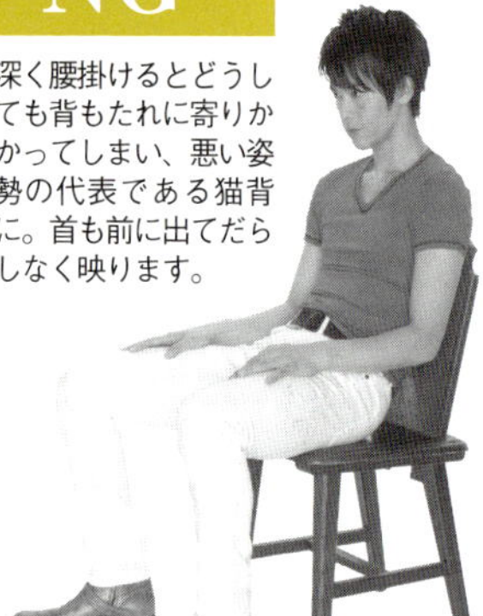

優雅さが増すしぐさ

ここでは人とコミュニケーションをとる際に、より好印象を与えるテクニックをご紹介します。ちょっとしたしぐさで女性らしさをアピールしましょう。

AFTER

BEFORE

肩を自由に操る

あくまでもこれまでに紹介した美しい姿勢が基本ですが、気持ちをゆだねたい人の前ではちょっぴり肩の力を抜いて。上体を軽くひねって肩を寄せると、エレガントかつ可憐な印象に映ります。

話すときはまっすぐ相手の目を見て

海外生活で身についたことのひとつが、相手の目を見て話す習慣です。相手に自分を分かってほしいときや大切な話をするときは、必ず視線を合わせて会話しましょう。

指先にまで気を配る

写真を撮るときには注意するのに、普段は見落としがちなのが指先の動き。がさつになっていないか見直してみて。これだけで、自然とだらしない動作も減るはずです。

5分でむくみをすっきり解消

マッサージで小顔を造る

僕が朝晩のスキンケアに取り入れているオリジナルのマッサージ。たった5分で一日のむくみを解消し、すっきり小顔に導きます。

※心臓病や高血圧など持病のある人は医師に相談のうえ、指示に従ってください。

1 鎖骨の内側に沿ってやさしくマッサージ

リンパの通り道である鎖骨の内側のマッサージからスタート。人差し指と中指の腹で、骨に沿って首のつけ根から肩を左右それぞれ5往復します。

2

耳の下から首のつけ根のリンパを流す

老廃物がたまりがちな耳の下から首のつけ根までを、指の腹を使ってやさしくなでます。ゆっくり深呼吸をしながら行いましょう。

3

目の回りを押してむくみを取る

目の回りをくぼみに沿って、人差し指と中指の腹で３周押します。こするとシワの原因になるので、軽くたたくように行うのがポイントです。

4 顔の中心部の血行を促進

鼻と頬の間にあたる部分を人差し指と中指の腹でクルクルと軽くなでます。ここをマッサージすることで、顔全体の血行が促進され、顔色もよくなります。

5 頬を引き上げてたるみを解消

指先で目の下をなぞったら、こめかみで一度、頬を引き上げるように強めにプッシュ。そのあと、耳の下までゆっくりと移動させましょう。

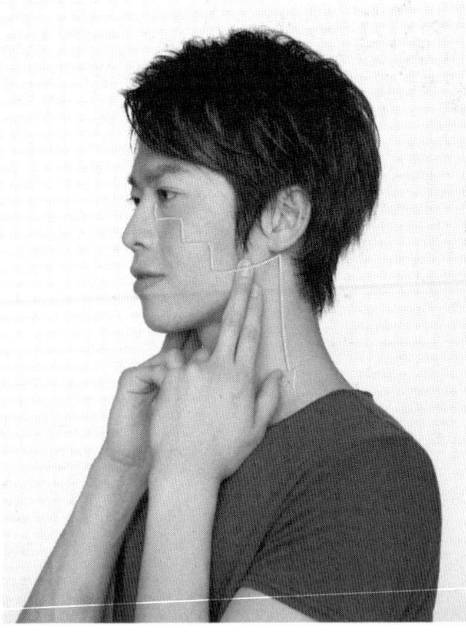

6 顔全体にたまった老廃物を流す

目頭から3回に分けて段を描くように、指を顔の外側に移動させます。そのままの流れで耳の裏側から首のつけ根までをやさしくなぞります。

7 リンパを流してシャープな輪郭に

人差し指の第2関節を使って、輪郭を左右それぞれ3往復なぞります。リンパ節のある耳の下は少し強めに押して。

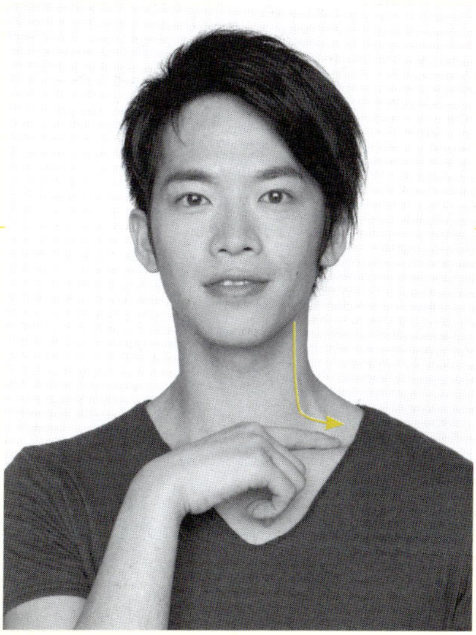

8 首のマッサージでフィニッシュ

仕上げに、人差し指の腹を使って耳の下→首のつけ根→肩の順番で上から下にリンパを流します。左右それぞれ3回行いましょう。

ペットボトルを使って顔の筋肉を鍛える

空のペットボトルをくわえたら、へこむまで大きく息を吸い込みます。3秒カウントしたら息を吐いて。顔の筋肉が鍛えられ、たるみやシワを予防できます。片頬ずつ行うとより効果的！

身体の内側から美しく健康に

食事のすすめ

基本的に、食べたいものを食べるのが僕のポリシーです。ポイントは「いつ食べるか」。それをコントロールできれば太りません！

食べたいと思うものは身体が欲しているもの

食事が楽しみのひとつである僕にとって、我慢することはとってもストレス。だから食べたいものは食べて、カロリーを摂りすぎた日はいつもより多く身体を動かします。そのほうが身体にも心にも健康的なはず！

目覚めたらすぐにコップ一杯の水を

寝ている間に汗などで失われた水分を補うために、目が覚めたらすぐコップ一杯の冷たい水を飲むことにしています。頭も身体もしゃきっと目覚め、一日への活力が生まれます。

甘いものを食べるなら朝食に取り入れる

僕は、板チョコがあれば一度に１枚食べちゃうくらいのスイーツ好き！　ただ、なるべく朝食時に食べることを心掛けています。これならたくさん糖分を摂っても一日かけて消費できるので、太る心配はありません。

昼食なら思いっきり炭水化物もＯＫ！

米やパンなどの炭水化物をまったく摂らないダイエット法もありますが､栄養が偏ってしまうため､健康的にやせたいならおすすめしません。活動時間帯である昼食にしっかり摂ってエネルギーをチャージしましょう。

エネルギーを消費しにくい夜はたんぱく質とビタミンを中心に

僕が一番気をつけているのが夜の食事。炭水化物は一切摂らず、肉や魚などのたんぱく質とビタミンが豊富な野菜を中心に摂っています。特に、たんぱく質は脂肪を燃焼する筋肉のもととなるので必要不可欠です。

Jun's Schedule

8:00	起床
8:15–8:20	朝食
8:20–9:00	身支度
9:00	出発
9:30–12:00	バレエのレッスンを受ける
13:00–14:30	公演のリハーサル
15:00–15:30	昼食
16:30	一時帰宅
19:30–20:00	自宅でトレーニング
20:00–22:00	バレエスタジオでインストラクト
22:00–22:30	夕食
22:30–23:30	お風呂でリフレッシュ
23:30–24:30	メールチェックなど事務作業
24:30	就寝

起きたら、まずコップ一杯の水を飲むのが習慣。硬度の低いボルヴィックがお気に入りです。

ギリギリまで寝ちゃうので、朝食は主にリンゴなどのフルーツでさっと終わらせることが多いです。身支度をしながらチョコレートをつまむことも。

一日の中で一番がっつり食べるのが昼食。この日はレッスン場の隣にあるカフェで自家製のパンとハンバーグをおなかいっぱい食べました。大満足！

この日の夕食は、山盛りのサラダとハーブを添えたチキンでした。あと白ワインをちょっぴり。炭水化物は夜摂ると脂肪になるので食べません。

毎日の運動習慣にプラスして美を高める

とっておきスキンケア

お客様の前に出るパフォーマーとして美容にこだわるのは当然のこと。デイリーからスペシャルまで、僕のお気に入りをご紹介します。

自分に合ったものを大切に長く使う

デイリーコスメは、10代からずっと愛用しているフェローニアのクレンジングフォームとローション、馬油の3つだけ。どれも天然素材がベースです。朝はフォームで洗顔後にローション、夜は仕上げに馬油をプラスして肌に栄養を補給するのが日課。効果があると聞けば新製品も試しますが、やみくもにコスメを変えるのは肌にも心にも負担のはず。毎日使うアイテムはシンプルにまとめて、長く使い続けるのが僕のポリシーです。

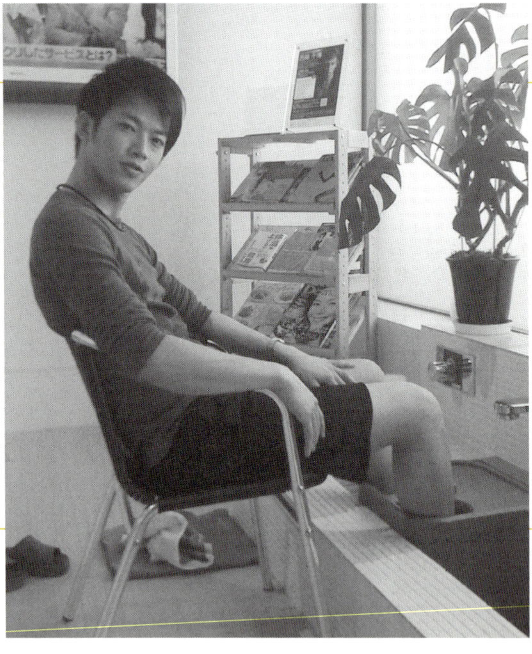

足元を温めて全身の血行を促進

足湯は、バレエを教えているレッスン場にたまたまあったので入ってみたら、予想以上に気持ちがよかった！　足を温めているだけなのに、短時間でも全身がポカポカになります。僕はもともと血行がよい体質なのですが、それでも効果を実感できます。服を着たまま温泉気分を味わえるのもうれしいところ。冷え性やむくみが気になる人はぜひ試してほしいです。

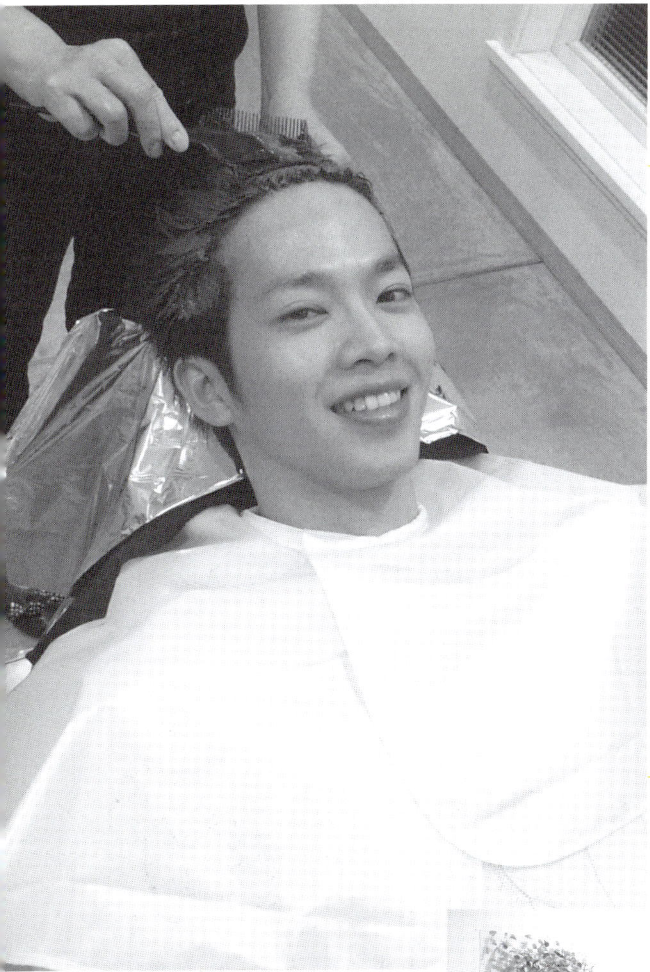

ヘッドスパでリラックス＆チャージ

今一番ハマっているのが、南青山にあるアユアラン グレースのミネラルヘッドスパ！ 普段のシャンプーでは落としきれない汚れをしっかり取り除いたあと、ミネラルなど頭皮によい成分を豊富に含んだ海藻のヘアパックで毛根から栄養を補給できるんです。このパックと合わせて頭・首・肩とリンパが滞りがちな部分をじっくりマッサージしてくれるので、凝りやむくみが取れて1時間でひと回り小顔になれちゃう。頭皮をケアすることで顔のたるみも予防できます。

いつも担当してくれるトップヘアスタイリストの向河原さん。アユアラン グレースは、疲れがたまっているときや大切な公演の前以外にも、気が向いたら立ち寄るお気に入りの場所です。

バーオソルにチャレンジしたあなたのために
Q&A *by Jun*

バーオソルにトライした人の多くが抱く素朴な疑問に答えます。これを参考にして、少しでも多くの人が長く続けられますように！

Q この本のようにポーズが取れない

A 運動をしていなかった人ほど、最初は身体が動かないはず。無理せず、できる範囲でポーズをまねてみて。焦らなくても、続けることで関節や筋肉が徐々に柔軟になり、自然とできるようになります。

Q 毎日続けたいけど挫折しそう……

A 「どのダイエット法を試しても挫折しちゃう」なんて人は、バーオソルを始めたことを周りに宣言してみて。自分で自分にプレッシャーをかけて、それに応えられるよう精いっぱい努力しましょう。

Q 長時間やったら筋肉痛に。続けてもいい？

A 筋肉痛は筋肉が成長している証なので、基本的に続けて構いません。でも、あまりに長期にわたって痛みが続く場合は炎症を起こしている場合も考えられるので少し休みましょう。無理は禁物です。

Q 毎日やっているのに体重が減らない！

A 深層筋は脂肪よりも重いので、初期は体重が増えることもあるでしょう。でも着実に脂肪は減っているので安心して。体重を気にするより、鏡を見る回数を増やして、見た目の引き締め効果を感じて。

Q 時間がない場合に必ずすべきメソッドは？

A 時間がないときは、基本を押さえるのが最優先。準備運動のあと、パラレルから始まる基本メソッドをできる限り行うのが理想的です。少しの時間でも全身の深層筋を鍛える効果が十分あります。

Q バーオソルをやる際のおすすめBGMは？

A 僕はクラシックピアノの曲をかけることが多いかな。ショパンの曲が好き。『バラード第１番』『ピアノ協奏曲第２番』『アンダンテス・ピアナートと華麗なる大ポロネーズop.22』の３曲が定番です。

Epilogue
未来を変えるのはあなた自身です

みなさん、バーオソルを体験してみていかがでしたか？　すぐに目に見える変化がなくてもあきらめないで。続けていけば、必ず結果がでます。

もちろん、ひとつのことを長く続けるには大変な忍耐力が必要です。僕もそれは同じ。「あんな身体になりたい」「この部分を引き締めたら、今まで着られなかったあの服が着られる」など具体的な目標を持って、それに向かってコツコツ努力しましょう。その強い意志が身体を変えるのです。

僕自身、バーオソルとの出会いから8年経ちましたが、その効果を日々実感しています。体型維持についてはもちろんですが、身体が変わったことが大きな自信になり、パフォーマンスの面でも日常生活の面でも、それまでよりずっと積極的になれたように思います。

それというのも、僕はもともと小心者で気が弱いのです。これを言うとみんなには「そうは見えない！」と言われるのですが(笑)。バレエの世界は優雅に見えてとても競争が激しく、怠けているとすぐに置いていかれてしまいます。

国内外問わず、自分より上手いダンサーは数えきれないくらいいますし、落ち込んだり悔しく思うこともたくさんあります。

でも、落ち込んでいるばかりでは、なにも変わりません。僕が今できることを努力してコツコツと積み上げていくしかないのです。少しでも自信を持ってパフォーマンスをし、多くの方々に楽しんでもらうための準備のひとつが、このバーオソルなのです。

バーオソルにプラスして、みなさんに伝えたいことがひとつあります。バーオソルを始めたことをきっかけにして、どんどん新しいことに挑戦してください。習い事を始めてもいいし、今まで接点のなかった人に話しかけてみるだけでもいい。それだけで世界が大きく変わるはずです。

僕がこう考えるようになったのは、7年間の海外生活がきっかけでした。渡仏するまで、僕は18歳から2年間東京バレエ団に所属し、ほとんどすべての公演に出演していました。幼い頃からバレエの英才教育を受けた団員がほとんどの中で、周りから快挙だと言われましたし、僕自身も期待に応えようと毎日必死でした。でも心のどこかに、ずっと「このままではいけない」という気持ちがありました。僕は多くのダンサーと違ってバレエを始めたのが17歳からと遅く、それがコンプレックスでもあったし、実際に基礎をもっと学ぶべきだと感じていたのです。だから20歳になったのをきっかけに、「無謀だ」という周囲の反対を押しきってパリ留学を決めました。今振り返っても、それまでの自分からは考えられない行動力だと思います。

実際にフランス語はまったく分からないし、入学するバレエ学校も決めないまま渡仏したので、無謀であったことに間違いはありません。でも、来たからにはやるしかない。自分の中にある強い意志と、明るい未来を信じる気持ちを支えに無我夢中で動きました。この「未知の世界に飛び込む」決断とそこでの経験が僕を変えたのです。

パリのバレエ学校を卒業したあとも、スペイン、スロバキア、オランダと各

Epilogue

国のバレエ団で踊る機会に恵まれ、ヨーロッパには7年間滞在しましたが、ずっと順風満帆だったわけではありません。バレエに関しての苦労以外にも、お金がなくなったり、住むところがなくなったり、失恋したり……。そのたびに、立ち直れないくらい落ち込みました。

　そんなとき、僕を勇気づけてくれたのは、周囲の大切な人たちからの叱責と助言でした。特に、失恋したときに友人から言われた「人に頼ってばかりの今のＪＵＮとは私だってつき合いたくない。落ち込んでいないで今やるべきことに目を向けなさい」という言葉は今でも忘れられません。失敗しても、そこで自分を振り返って再スタートすればいい。今ならそう思えます。

　だからみなさんも、リスクを恐れず新しいことにどんどんチャレンジし、そこでの経験を自分の魅力を高める原動力にしてください。

　最後に、この本を手に取ってくれてありがとう。心からの感謝をこめて。

竹田　純

バーオソル・ダイエット

―バレエダンサーのしなやかな身体の秘密―

barre
au
sol
diet

【撮影協力】
アユアラン グレース
〒150-0002 東京都渋谷区渋谷4-1-12
☎03-6418-3300
営業時間／平日11:00～21:00、土日祝10:30～20:30 年中無休
平日12:00～20:00、土日祝11:00～19:00 火曜定休(ヘアサロン)
ミネラルヘッドスパ〈60分〉¥8925 (価格は2011年5月現在)
白髪予防ヘッドスパ〈40分〉¥6825
http://www.ayualam.jp/

【衣装協力】
アディダスジャパン株式会社
〒162-0805 東京都新宿区矢来町77
0120-810-654(アディダスグループお客様窓口)
(表紙、P.1～P.5)

TAKEO KIKUCHI
〒107-8526 東京都港区北青山3-5-10
☎03-6324-2642(ワールドプレスインフォメーション)
(P.6～P.7)

チャコット
〒150-0041 東京都渋谷区神南1-20-8
☎03-3476-1311
http://www.chacott-jp.com
(P.8、P.11、P.14、P.16、P.40、P.50～P.51、P.54～P.55、P.68、P.85～P.92、P.97)

アートディレクション・デザイン／吉永祐介(solla Inc.)(表紙、P.1～P.8)
今井こずえ(P.9～P.104)
企画・編集・構成／岡橋香織
撮影／江上嘉郁
スタイリスト／三原千春(表紙、P.1～P.8)
ヘアメイク／伊藤三和

バーオソル・ダイエット
—バレエダンサーのしなやかな身体《からだ》の秘密《ひみつ》—

2011年5月12日　第1刷発行
2011年7月6日　第3刷発行

著者　竹《たけ》田《だ》 純《じゅん》
発行者　持田克己
発行所　株式会社 講談社
〒112-8001　東京都文京区音羽2-12-21
電話　出版部 (03) 5395-3953
販売部 (03) 5395-4415
業務部 (03) 5395-3615

印刷所　慶昌堂印刷株式会社
製本所　株式会社 国宝社

定価はカバーに表示してあります。

ISBN978-4-06-216917-2